Dieses Buch kann alleine lesen:
_____

Das große Silben-Buch
zum Lesenlernen

Silbe für Silbe zum Lese-Erfolg

Liebe Eltern,

Leseanfänger lesen langsam. Sie müssen jedes Wort Buchstabe für Buchstabe, Silbe für Silbe erlesen. Alle Wörter der Geschichten in diesem Band sind in farbigen Silben markiert. Diese kurzen Buchstabengruppen können Leseanfänger schneller erfassen als das ganze Wort.

Bei den markierten Silben handelt es sich um Sprechsilben. Das heißt, die Wörter sind so in Silben aufgeteilt, wie sie gesprochen werden. Die Sprechsilben entsprechen fast immer auch der möglichen Worttrennung, also den Schreibsilben.

Nur bei der Trennung einzelner Vokale gibt es einen Unterschied: Nach den aktuellen Rechtschreibregeln werden einzelne Vokale am Wortanfang oder -ende nicht abgetrennt. Beim Sprechen unterteilen wir solche Wörter jedoch in mehrere Silben, daher sind sie in diesem Band ebenfalls mit unterschiedlichen Farben markiert: Oma, Radio.

Ihnen und Ihrem Kind viel Spaß beim Lesen!

Inhalt

9 Viel Wirbel um den Knopf im Ohr

35 Conni auf Waldsafari

61 Ein Tor für David

87 Alles, nur nicht Pink!

113 Zoff auf dem Schulhof

139 Helfer auf vier Pfoten

164 Lesen lernen mit der Lesemaus

Nichts als Musik im Kopf

Seit Olli den kleinen MP3-Player hat,
flitzt er nur noch mit „Knopf im Ohr"
in der Gegend herum.
Als er beim Essen sitzt,
starrt er vor sich hin und
wackelt im Takt der Musik mit dem Kopf.

„Sieht ganz schön bescheuert aus",
findet seine kleine Schwester Nelli.
„Nimm die Dinger raus", sagt Mama.
„Ihr versteht eben nix von Musik",
knurrt Olli und gehorcht widerwillig.
Nach dem Essen stopft er die kleinen
Kopfhörer wieder ins Ohr.

Draußen ziehen Gewitterwolken auf.
„Olli, kannst du bitte das Altpapier
zum Container bringen?
Schnell, ehe es zu regnen anfängt!",
ruft Mama.

„Olli! Olliii!", ruft Mama noch mal lauter.
Aber es kommt keine Antwort.
Hört Olli nicht?
Oder will er nicht hören?
Wo steckt er nur?
Eben ist er doch noch an der Küchentür vorbeigeflitzt.
Mama macht sich auf die Suche.

Olli ist in seinem Zimmer.
Er hat den Kopfhörer auf und
tanzt mit elegantem Hüftschwung
um seinen Schulranzen herum.
Er hört gerade die CD,
die Mia so gern mag.
Mia geht in seine Klasse.
Sie hat ihm die CD geliehen.

Olli macht die Augen zu
und denkt an Mia.
Er bemerkt gar nicht,
wie Mama ins Zimmer kommt
und den Stecker vom CD-Player
aus der Steckdose zieht.

Leserätsel

Was trägt Olli ständig im Ohr?

R Einen Zopf

M Einen Knopf

K Einen Schopf

Womit flitzt Olli durch die Gegend?

O Mit einem Mofa

A Mit einem Surfboard

U Mit einem MP3-Player

In wen ist Olli verliebt?

S In Mia

L In Pia

T In Nelli

Olli hat die CD

- [I] geliehen.
- [T] gekauft.
- [A] gesungen.

Olli tanzt mit

- [L] Mama.
- [K] Hüftschwung.
- [N] Mia.

Die Buchstaben neben den richtigen Antworten ergeben ein Lösungswort:

_ _ _ _ _

Olli hört nichts

Die Musik bricht plötzlich ab.
„Manno!", ruft Olli empört. „Ausgerechnet an der besten Stelle!"
„Du hörst ja sonst nichts", sagt Mama.
„Hab ich was verpasst?", fragt Olli.
„Du sollst bitte das Altpapier wegbringen."
„Das hab ich gern überhört!", knurrt Olli.

„Du wirst noch mal taub, wenn du
den ganzen Tag diesen Krach
in den Ohren hast!", sagt seine Mutter.
Die Zeitungen sind in Pakete gebündelt.
Murrend packt Olli sie auf den
Gepäckträger seines Fahrrads.

Die Sammelstelle ist beim Supermarkt.
Gleich neben dem großen Parkplatz.
Sonntags, wenn keine Autos parken,
treffen sich Olli und seine Freunde
oft dort zum Skaten.
Heute ist alles vollgeparkt.
Olli wirft die Zeitungen
in den Altpapiercontainer.

Da entdeckt er Ali aus seiner Klasse.
Der fährt gerade im alten Buggy
seiner kleinen Schwester
die leeren Flaschen zum Glascontainer.
Die beiden bedauern sich,
weil sie zu Hause helfen müssen.
„Immer trifft es die Kleinsten", sagt Ali,
der der Größte in der Klasse ist.
Olli grinst. „Ja, genau!"

Als Olli heimkommt, ist keiner da.
Papa ist noch im Büro und
Mama ist mit Nelli beim Kinderarzt.
„Super!", murmelt Olli. „Jetzt nervt keiner,
wenn ich Musik höre!"
Er steckt wieder die Kopfhörer ins Ohr.

Dann setzt er sich aufs Sofa.
Er dreht die Musik ganz laut auf
und träumt davon, ein DJ zu sein
und auf Partys aufzulegen.
Auf Partys, auf denen auch Mia ist.
Dass das Telefon klingelt,
hört Olli nicht.

Leserätsel

Olli und Ali treffen sich sonntags oft

- A zum Beten.
- O zum Skaten.
- E zum Flöten.

Was fährt Ali im Buggy spazieren?

- R Seine Schwester
- S Seine Oma
- H Leere Flaschen

DJ (sprich: Die-Dschei) ist die Abkürzung für

- M Dicker Junge.
- R Disk-Jockey.
- T Dunkle Jeans.

Die Buchstaben neben den richtigen Antworten ergeben ein Lösungswort:

___ ___ ___

Olli bringt Altpapier zum Container. Welchen Weg muss er nehmen?

Die Buchstaben auf dem richtigen Weg ergeben ein Lösungswort:

___ ___ ___ ___ ___ ___ ___ ___

Ohren auf!

Am Montag in der Schule gibt Olli
Mia die CD zurück.
„War super!", sagt er. „Vielen Dank!"
„Schade, dass du am Freitag nicht
da warst!", sagt Mia. „Wir hatten
Zirkuskarten. Meine Cousine ist krank
geworden. Da hab ich bei dir angerufen.
Aber du warst nicht zu Hause."
„Ich war da", sagt Olli. „Wahrscheinlich
hab ich das Telefon nicht gehört, weil …"
„Weil du wieder einen Knopf
im Ohr hattest?", seufzt Mia.

„Wir können uns ja heute Nachmittag treffen", schlägt Olli vor.
Mia nickt. „Aber nur, wenn du die blöden Stöpsel nicht im Ohr hast. Es nervt, mit einem zu reden, der nicht zuhört!"

Sie verabreden sich
auf dem Abenteuerspielplatz.
Olli zieht sein schönstes T-Shirt an.
Er putzt die Zähne, kämmt die Haare
und macht sich auf den Weg.
Ohne Knopf im Ohr.
Deshalb hört er auch zum ersten Mal
in diesem Jahr die Vögel singen.
Der kleine Bach rauscht.
Die Enten quaken.
Wie schön die Welt ist, wenn man sie hört!

Jetzt entdeckt Olli auch Mia.
Wie eine Prinzessin steht sie
auf dem Turm der Kletterburg.
Sie winkt und ruft: „Hallo Olli,
komm schnell in die Burg!
Ein Feuer speiender Drache hat
sich in den Büschen versteckt.
Magst du mein Ritter sein?"
Nichts lieber als das, denkt Olli
und rennt los.

Infoseite
Das Ohr

Das **Ohr** ist ein sehr empfindliches Sinnesorgan.
Man teilt es in drei Bereiche auf:

Zum **Außenohr** gehören die Ohrmuschel,
die Schmalzdrüsen, der Gehörgang und das
Trommelfell. Von außen sieht man nur den
äußeren Gehörgang. Dieser wird vom
Trommelfell verschlossen. Das Trommelfell
ist eine elastische dünne Haut.

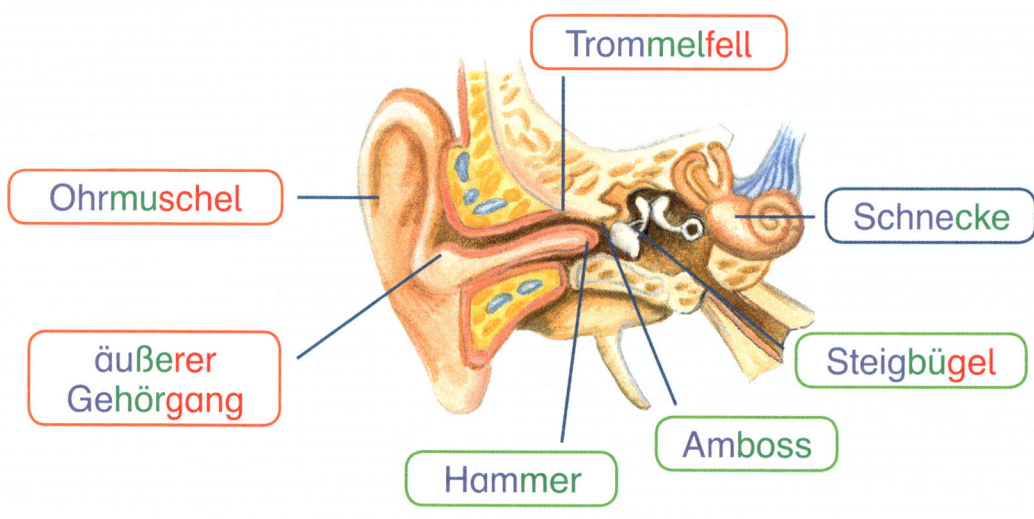

Hinter dem Trommelfell liegt das **Mittelohr**.
Darin befinden sich die Gehörknöchelchen:
Hammer, Amboss und Steigbügel.

Das **Innenohr** bildet das eigentliche Hörorgan.
Darin befinden sich die Schnecke und der Gehörnerv
und außerdem der Gleichgewichtssinn.

So funktioniert das Ohr:

Wir hören laute, leise, nahe, ferne, hohe, tiefe, lange oder kurze Töne. Sie dringen als Schallwellen durch die Luft an das Ohr. Die Schallwellen werden von der Ohrmuschel aufgefangen. Durch den Gehörgang gelangen sie zum Trommelfell, das durch den Aufprall in Schwingung gerät.

Das Trommelfell leitet die Schwingungen an die Gehörknöchelchen weiter und diese leiten sie an das Innenohr weiter. Dort werden die Schwingungen in Signale umgesetzt und über die Nerven an das Gehirn weitergegeben. Das Gehirn sagt uns dann, was wir hören.

Lösun**gen**

S. 16/17:

Olli trägt ständig einen Knopf im Ohr.
Olli flitzt mit einem MP3-Player durch die Gegend.
Olli ist in Mia verliebt.
Olli hat die CD geliehen.
Olli tanzt mit Hüftschwung.
Lösungswort: MUSIK

S. 24/25:

Olli und Ali treffen sich sonntags oft zum Skaten.
Ali fährt im Buggy leere Flaschen spazieren.
DJ ist die Abkürzung für Disk-Jockey.
Lösungswort: OHR

Lösungswort: RECYCLING

32

Conni auf Waldsafari

Eine Geschichte von Julia Boehme
mit Bildern von Herdis Albrecht

Afrika oder Wald

„Schau mal, die Giraffen!"
Conni sitzt mit Opa auf dem Sofa und
blättert in einem dicken Buch.
Lauter Fotos sind da drin
von einer Safari in Afrika.
„Und die Löwenjungen. Sind die süß!"
Conni seufzt. „Am liebsten würde ich
auch mal eine Safari machen."

Opa überlegt.

„Nach Afrika kommen wir nicht so schnell, aber wir können trotzdem eine Safari machen."

Conni schaut ihn an. „Wo denn?"

„Im Wald", sagt Opa. „Da gibt es doch auch jede Menge wilde Tiere."

„Au ja!", jubelt Conni. „Und ich mache ganz viele Fotos!"

Gleich am nächsten Sonntag gehen
Conni und Opa auf ihre Waldsafari.
Connis kleiner Bruder Jakob und
ihre Freundin Anna kommen auch mit.
„Ihr müsst ganz leise sein, damit wir
die Tiere nicht erschrecken", mahnt Opa.
Gespannt laufen sie den Waldweg entlang.
Das erste Tier, das sie sehen, ist ein Käfer.
Conni macht gleich ein Foto.

Opa zeigt ihnen einige Vögel:
Ein Kleiber klettert den Baum hinunter.
Auf einem Ast sitzt ein Buchfink.
Sogar einen Specht sehen sie.
Nur den Kuckuck, der immer wieder ruft,
können sie einfach nicht finden.
„Da! Ein Eichhörnchen!", flüstert Anna.
Ist das niedlich!
Doch als Conni – klick! – ein Foto macht,
flitzt es schnell davon.

Auf dem Weg wimmelt es plötzlich
von Ameisen.
Unter einer Tanne ist ein riesiger
Ameisenhaufen.
„Die Roten Waldameisen sorgen im Wald
für Ordnung", erklärt Opa.
Doch Jakob interessiert das nicht.
„Gibt es hier denn keine großen Tiere?",
fragt er.

„Aber ja!", lacht Opa.
„Und wenn wir Glück haben,
sehen wir auch welche.
Aber erst einmal habe ich Hunger.
Ihr nicht?"
„Schon", meint Conni.
„Aber wir haben doch gar nichts dabei."
„Wir sind ja auch eingeladen!", sagt Opa.
„Eingeladen?", staunt Conni.
„Mitten im Wald?"

Leserätsel

Welches Tier kann man auf einer Safari in Afrika sehen?

Male alle Felder an, in denen die Buchstaben von C o n n i stehen:

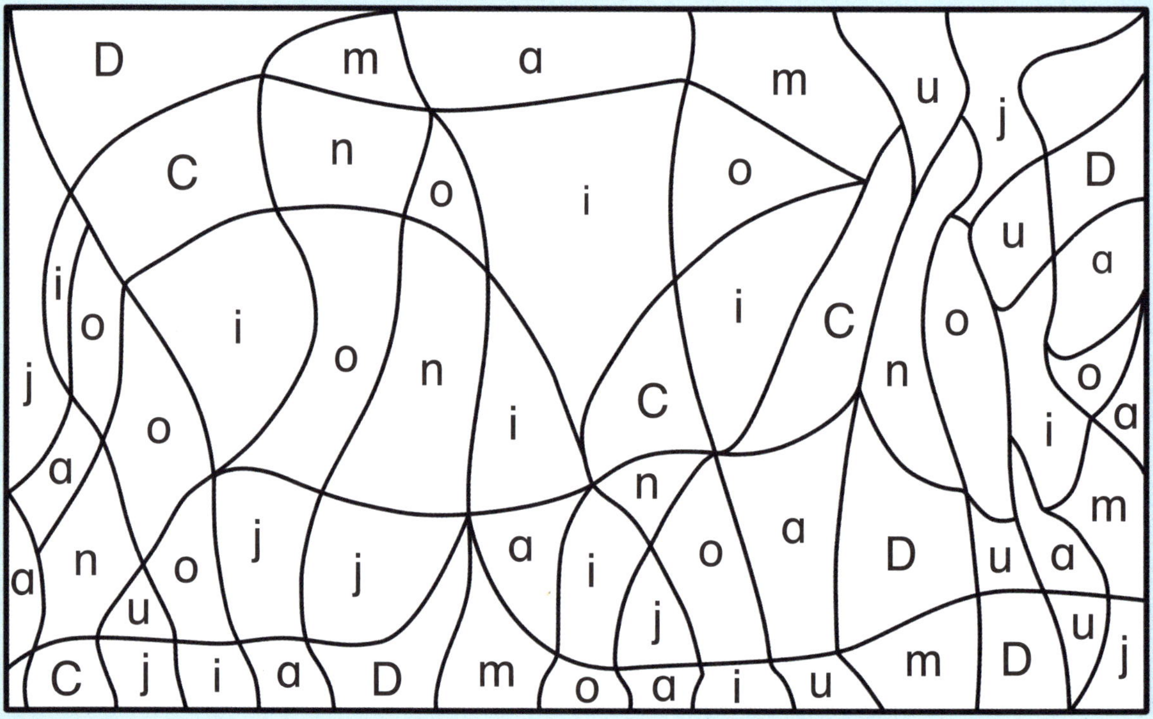

Lösungswort: __ __ __ __ __ __ __

Welche Tiere sehen Conni, Anna, Jakob und Opa auf ihrer Waldsafari?
Trage die Namen in das Kreuzwortätsel ein.

Das Lösungswort verrät dir ein weiteres Waldtier:

D __ M __ __ __ S __ __

Willkommen im Forsthaus!
Auf einer Lichtung steht
ein großes altes Haus.
„Das ist das Forsthaus", erklärt Opa.
„Hier wohnt mein Freund Arne."
„Ist er der Förster?", fragt Anna.
„Aber ja!", erklingt da eine tiefe Stimme.
Ein Mann mit grauem Bart
kommt auf sie zu und lacht.
„Ihr wollt also auf Waldsafari gehen?"

„Ja! Und die großen Tiere sehen!",
ruft Jakob sofort.
„Das lässt sich machen",
meint Förster Arne.
„Aber vorher essen wir lieber
noch ein Stück Kuchen.
Sonst knurrt nachher euer Magen so laut,
dass uns die Tiere davonlaufen!"

Nach der Kuchenpause führt Förster Arne
sie mitten durch den Wald.
Er zeigt ihnen Mauselöcher und
einen Kaninchenbau.
„In der Nähe wohnt auch eine Füchsin,
die gerade Junge hat."
„Können wir die sehen?",
fragt Conni aufgeregt.
„Füchse sind sehr scheu", meint Opa.
„Da müssten wir schon sehr viel
Glück haben!"

Der Förster nickt. „Wir können gucken.
Aber nur von Weitem,
damit wir sie nicht stören!"
Doch beim Fuchsbau gibt es nichts
zu sehen. Schade!
„Dafür zeige ich euch jetzt etwas anderes!"
Der Förster führt sie auf einen Hochsitz.
Gespannt klettern sie die Leiter hoch.
Opa legt den Finger auf den Mund.
„Psst! Und jetzt keinen Mucks!"

Auf dem Hochsitz ist es ganz schön eng.
Aber die Kinder warten geduldig.
Conni hält die Luft an.
Da sind Wildschweine! Eine ganze Rotte!
Sie suhlen sich in einer großen Lehmpfütze.
Conni und Anna strahlen sich an.
Bisher haben sie Wildschweine
nur im Zoo gesehen.
Doch im Wald ist es tausendmal schöner!

Nach dem Matschbad schubbern sich
die Wildschweine an den Bäumen.
Erst als die Wildschweine weiterziehen,
klettern alle wieder vom Hochsitz herunter.
„Na, zufrieden?", fragt Opa.
„Ja!", nickt Jakob und strahlt.
Und auch Conni und Anna sind glücklich.
Am liebsten würden sie jeden Sonntag
so eine Safari machen!

Leserätsel

Wie heißen die Tiere?

Bringe die Buchstaben in die richtige Reihenfolge!

S U M A

_ _ _ _ _

W I E S W I L C H N D

_ _ _ _ _ _ _ _ _ _ _

S C H U F

_ _ _ _ _

N I N A H E N C K

_ _ _ _ _ _ _ _ _

Was stimmt?

- [D] Opas Freund ist ein Förster.
- [E] Der Förster heißt Arnim.
- [M] Der Förster lädt die Kinder zu Würstchen ein.
- [A] Im Wald wohnen Mäuse.
- [C] Die Leiter zum Hochsitz ist wackelig.
- [K] Auf dem Hochsitz ist es nicht eng.
- [H] Die Wildschweine suhlen sich im Matsch.
- [T] Die Wildschweine schrubben sich die Zähne.
- [S] Conni würde am liebsten jeden Sonntag eine Safari machen.

Die Buchstaben neben den richtigen Antworten ergeben noch ein Waldtier:

___ ___ ___ ___ ___

Was für ein Glück!

Am Waldrand ist noch ein zweiter Hochsitz.
Mit dem Fernglas können Conni, Anna
und Jakob einige Rehe beobachten,
die auf den Feldern nach Futter suchen.
„Die beiden Kleinen sind erst
ein paar Wochen alt", erzählt der Förster.
Conni lässt die Kitze nicht aus den Augen.
Die Sonne steht schon tief,
als sie sich auf den Rückweg machen.

„Hilfe!", schreit Jakob plötzlich.
„Eine Schlange!"
„Keine Angst", beruhigt ihn Förster Arne.
„Das ist nur eine Blindschleiche.
Das ist gar keine Schlange,
sondern eine Echse ohne Beine!"
„Und die ist nicht gefährlich?", fragt Anna.
„Nein!", lacht Opa. „Die ist ganz
harmlos!"

„Können wir nicht noch einmal nach den Füchsen gucken?", fragt Conni.
Förster Arne ist einverstanden.
Und dann sieht Conni sie:
In den letzten Strahlen der Abendsonne spielen die jungen Füchse vor ihrem Bau.

Durch das Fernglas kann Conni
sie ganz genau sehen.
Denn Abstand halten müssen sie schon.
„Da haben wir aber Glück", wispert Opa.
Conni nickt. Und was für eins!
Die vier Fuchskinder sind mindestens
genauso niedlich wie die Löwenjungen
in Opas Safaribuch!

Infoseite
Connis Waldsafari-Buch

Nashörner gibt es auf unserer Safari zwar nicht – dafür aber Nashornkäfer!

Der Kleiber kann sogar kopfüber am Baumstamm hinunterlaufen!

Ob der Buchfink wohl gerne liest?

Der Buntspecht kann ganz unterschiedlich klopfen. Je nachdem, ob er Futter sucht oder sich mit anderen Spechten „unterhält".

So gut wie das Eichhörnchen möchte ich auch mal klettern können.

Wo zum Kuckuck ist der Kuckuck???

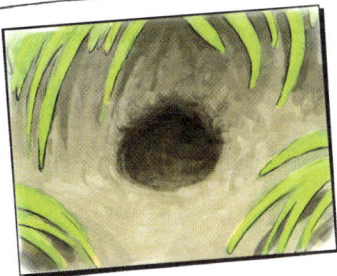

Und das ist der Fuchsbau.

Hier wohnt Familie Maus.

Wildschweine lieben es, sich im Matsch zu suhlen. Die Männchen erkennt man an den großen Hauern. Man nennt sie Keiler und die Weibchen heißen Bache.

Die Rehe gehören zu den Hirschen. Ihre Kitze haben weiß getupftes Fell – süß, nicht?

Die Blindschleiche sieht aus wie eine Schlange, ist aber eine Echse ohne Beine. Und blind ist sie auch nicht.

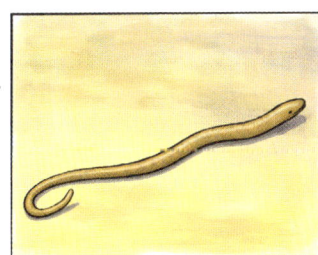

Um die Füchse zu fotografieren, war es leider schon zu dunkel ...

Lösungen

S. 42/43:
Lösungswort: NASHORN
Diese Tiere sehen Conni, Anna, Jakob und Opa:

D								
A	M	E	I	S	E			
M								
S	P	E	C	H	T			
		K	L	E	I	B	E	R
			K	Ä	F	E	R	
				S				
		B	U	C	H	F	I	N	K
E	I	C	H	H	Ö	R	N	C	H	E	N

Lösungswort: DAMHIRSCH

S. 50/51:
Die Tiere heißen MAUS, WILDSCHWEIN, FUCHS, KANINCHEN.
Diese Antworten stimmen:
Opas Freund ist ein Förster.
Im Wald wohnen Mäuse.
Die Leiter zum Hochsitz ist wackelig.
Die Wildschweine suhlen sich im Matsch.
Conni würde am liebsten jeden Sonntag Safari machen.
Lösungswort: DACHS

Ein Tor für David

Eine Geschichte von Imke Rudel
mit Bildern von Jan Birck

Ein toller Tag

Heute ist ein toller Tag für David:
Er darf endlich in den Fußballverein.
Darauf freut er sich schon lange.
Zum Geburtstag hat David ein Paar
Fußballschuhe geschenkt bekommen.
Sie sind schwarz und weiß
und megastark.
Natürlich hat er sie gleich ausprobiert.

Zusammen mit seinem Freund Michi
hat er gegen seinen großen Bruder Marc
gespielt.
Marc ist schon lange im Fußballverein
und spielt super.
Das will David auch.
Marc bringt David zum ersten Training.
Michi ist auch dabei.

Das Training beginnt mit dem Aufwärmen.
„Die Muskeln müssen warm werden",
sagt der Trainer.
Er heißt Sebastian und ist sehr nett.
Sebastian macht die Übungen vor.
Dann öffnet er ein Netz mit vielen Bällen.
David und Michi sollen sich einen Ball
zuspielen.
Erst mit dem Fuß.
Dann mit dem Kopf.

Danach üben sie, mit dem Ball
vor den Füßen zu laufen.
Das nennt man dribbeln.
Am Ende der Stunde gibt es ein kurzes
Fußballspiel.
David und Michi sind total begeistert.
Leider ist nur zweimal in der Woche
Training.

Oder sie üben, den Ball mit dem Spann zu spielen.
Der Spann ist die Oberseite des Fußes.
Und dribbeln trainieren sie auch immer.
Seitdem sie im Verein spielen,
sind David und Michi viel besser geworden.

Leserätsel

Was stimmt? Kreuze an.

Davids Fußballschuhe sind:

- [V] schwarz und weiß
- [X] riesengroß
- [Z] uralt

Das Laufen mit dem Ball heißt:

- [A] drabbeln
- [E] dribbeln
- [U] krabbeln

Wie heißt Davids Freund?

- [T] Marc
- [R] Michi
- [O] Sebastian

Das Training beginnt mit dem Aufwärmen.
Was muss warm werden?

EU	Der Kakao
AU	Die Zehen
EI	Die Muskeln

Wenn man sich den ⚽ im Laufen gegenseitig zuspielt, heißt das:

S	küssen
N	passen
M	pissen

Die Buchstaben neben den richtigen Antworten ergeben ein Lösungswort.
Es verrät dir, wo David Fußball spielt:
im __ __ __ ___ __ !

Das erste Spiel

Am Sonntag ist das erste Spiel
gegen einen anderen Verein.
David packt schon am Samstag
alle Sachen ein:
seine Hose, das Trikot, Stutzen
und natürlich seine Fußballschuhe.
Der Trainer hat gesagt:
„Wer ohne Schuhe kommt,
kann sich das Spiel
von der Bank aus ansehen."
Da klingelt Michi.
„Kommst du? Wir trainieren noch mal
bei mir im Garten."

David angelt sich schnell seine Schuhe
aus dem Rucksack und
rennt hinter Michi her.
Den ganzen Nachmittag üben sie
im Garten Torschüsse.

Aber David und Michi spielen sowieso
jeden Tag zusammen.
Manchmal machen sie auf dem Spielplatz
ein richtiges Training.
Sie spielen sich den Ball im Laufen
gegenseitig zu.
Das heißt passen.

Abends darf David bei Michi essen.
Es gibt Pizza, sein Lieblingsessen.
Die dreckigen Fußballschuhe
ziehen die Jungen natürlich aus.
David stellt sie vor die Tür.

Der nächste Tag ist der Sonntag.
David kann beim Frühstück kaum
etwas essen.
Er fährt mit dem Bus zum Fußballplatz.
Marc hat bei seinem Freund geschlafen.
Er hat David fest versprochen,
dass er kommt und ihn anfeuert.
Die Mannschaft trifft sich in der Kabine.
David zieht sein Trikot an.
Er hat die Nummer Vier auf dem Rücken.

David ist fast fertig angezogen,
da bekommt er einen riesigen Schreck:
Seine Fußballschuhe sind weg!
Er räumt seinen ganzen Rucksack aus.
Wo sind die Schuhe?
Da fällt es David ein:
Sie stehen bei Michi im Garten!
Ohne Fußballschuhe darf David
nicht mitspielen.
Was soll er nur tun?
Da kommt Marc mit dem Fahrrad.
Als er hört, was passiert ist, sagt er:
„Ich bin so schnell wie die Feuerwehr!",
und radelt wie ein Wilder davon.

Leserätsel

Was braucht David unbedingt für sein erstes Spiel?

S Seine Armbanduhr

T Seine Handschuhe

D Seine Fußballschuhe

Wo hat David die Fußballschuhe vergessen?

A Im Rucksack

R Im Garten

O Im Eimer

Was zieht David an?

- [AU] Eine Badehose
- [EI] Ein Trikot
- [EU] Einen Pullover

Wenn du bis hierhin alles richtig hast, ergibt sich ein Lösungswort:

__ __ __ __

Welche Nummer hat Davids Trikot?

__ __ __ __

Zähle die beiden Lösungswörter zusammen. Dann weißt du, wie alt David geworden ist:

____ + ____ = ____ Jahre alt!

Tor!

David wartet ungeduldig,
bis Marc wiederkommt.
Das Spiel hat schon angefangen.
David sitzt auf der Ersatzbank
und schaut zu.
Da endlich kommt Marc!
Er ist ganz aus der Puste.

Aber er hat die Schuhe in der Hand.
„So ein Bruder ist echt spitze!",
denkt David.
Schnell zieht er seine Fußballschuhe an.
Sofort wechselt ihn der Trainer ein.
Michi hat gerade einem Gegner
den Ball abgenommen.

Er dribbelt ihn in Richtung Tor.
„Abgeben, Michi!", ruft Sebastian.
David ist mit nach vorne gelaufen.
In seinen Fußballschuhen
fliegt er über den Platz.
Und zwar so schnell wie eine Rakete.
Michi kickt den Ball in seine Richtung.
Plötzlich ist das Tor genau vor David.
David zielt und schießt.

„TOOOR!"
Er hat das erste Tor für seine
Mannschaft geschossen!
„Toll gemacht, David!"

Infoseite

Und so sieht die Aufstellung

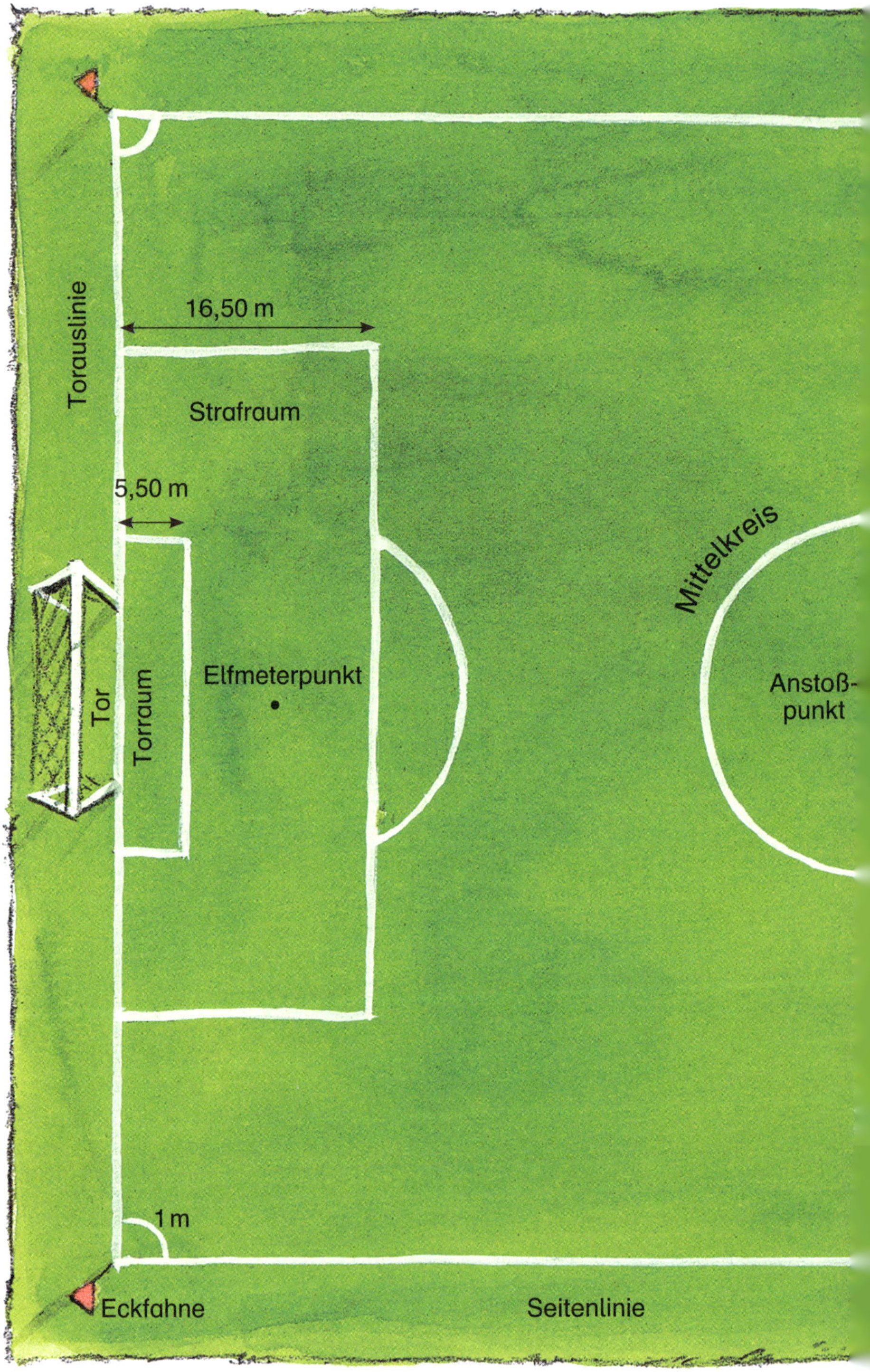

- Torauslinie
- 16,50 m
- Strafraum
- 5,50 m
- Tor
- Torraum
- Elfmeterpunkt
- Mittelkreis
- Anstoßpunkt
- 1 m
- Eckfahne
- Seitenlinie

der erwachsenen Spieler aus.

Lösungen

S. 68/69:
Davids Fußballschuhe sind schwarz und weiß.
Das Laufen mit dem Ball heißt dribbeln.
Davids Freund heißt Michi.
Die Muskeln müssen warm werden.
Wenn man sich den Ball im Laufen gegenseitig zuspielt, heißt das passen.
Lösungswort: VEREIN

S. 76/77:
Für sein erstes Spiel braucht David seine Fußballschuhe.
Er hat sie im Garten vergessen.
David zieht ein Trikot an.
Lösungswort: DREI
Davids Trikot hat die Nummer VIER.
David ist sieben Jahre alt geworden.

Alles, nur nicht Pink!

Eine Geschichte von Ursel Scheffler
mit Bildern von Marion Elitez

Fußball und Klamotten

Seit dem letzten Herbst
sind Anna und Lucy in der 2a.
Genau wie Karla, Mia,
Anton, Ali, Pit und Olli.
Weil sie nah beieinanderwohnen,
treffen sie sich immer auf dem Schulweg.

Früher sind sie immer alle gemeinsam gegangen.
Aber jetzt rennen die Jungen meist vorweg.
Sie tauschen Fußballbilder, reden über Autos oder über die Bundesliga.
Männersachen eben.
Die Mädchen laufen langsamer hinterher.
Sie haben sich eine Menge zu erzählen.

„Meine Tante Mara ist beim Fernsehen.
Die hat total coole Klamotten!",
erzählt Lucy.
„Mein Onkel Max ist Bauchredner!",
kichert Mia. „Der kann seinen Stoffraben
pupsen lassen."
Das finden die anderen noch toller!

„Wartet einen Augenblick", sagt Karla, als sie beim Kiosk vorbeikommen. „Ich hole mir einen Müsliriegel." Lucy blättert in einer Modezeitschrift. „Dafür wäre mir mein Taschengeld zu schade", sagt Anna. „Komm, wir müssen weiter!"

In der großen Pause spielt Karla
mit den Jungen Fußball.
„Hast du gesehen, wie Karla
dem frechen Anton den Ball
abgeluchst hat?", sagt Mia zu Anna.
„Toll!"

Und dann reden sie über die Jungs.
„Ich finde Olli am besten", sagt Mia.
„Und ich Ali", sagt Anna.
„Der muss immer die alten Klamotten
von seinem großen Bruder auftragen",
sagt Lucy und rümpft die Nase.
„Darauf kommt es doch nicht an!",
sagt Anna.
„Also, ich finde Klamotten schon wichtig",
sagt Lucy. „Heute Nachmittag gehe ich
mit meiner Tante shoppen."

Leserätsel

Was sind Klamotten?

| T | Kleine Tiere, die Löcher in Pullover fressen
| S | Lässige Bezeichnung für Kleider
| P | Geklaute Kleidungsstücke

„Ich gehe shoppen" heißt:

| E | Ich trinke ein Fläschchen.
| R | Ich schlafe eine Runde.
| C | Ich kaufe ein.

Wen findet Anna am besten?

| I | Olli
| H | Ali
| K | Superman

Mias Onkel Max ist

- [O] Seiltänzer.
- [R] Bauchredner.
- [T] Pupsweltmeister.

Lucys Tante Mara arbeitet

- [EI] beim Fernsehen.
- [AU] bei der Zeitung.
- [AI] am Kiosk.

Die Buchstaben neben den richtigen Antworten ergeben ein Lösungswort:

Der letzte __ __ __ __ __

Ein Traum in Rosa?

„Wie siehst du denn aus!", ruft Anna,
als Lucy am nächsten Tag
zum Treffpunkt an der Eisdiele kommt.
Lucy hat einen rosa Tüllrock und
rosa Leggings an.
Außerdem noch rosa Glitzerschuhe.
„Ich finde das schick", sagt Lucy trotzig.
„Aber praktisch ist es nicht", sagt Anna.

Aber Lucy lässt sich von ihrem
Modefimmel nicht so schnell abbringen.
Schließlich will sie mal Model werden.
Oder zum Fernsehen, wie Tante Mara.
Dann werden alle gucken.
Auch die, die jetzt Karla bewundern
oder über Annas Witze lachen.

Jeden Tag fällt Lucy etwas Neues ein.
Sie lackiert sich die Fingernägel pink.
Sie klebt Tattoo-Bilder auf Arme und
Bauch und färbt sich rosa Strähnchen
ins Haar.

„Jetzt spinnt sie voll", sagt Anna zu Mia.
Auch die Jungen lachen über Lucy.
„Die sieht aus wie die Barbie-Puppe
von meiner kleinen Schwester!", sagt Pit.
„Aufgebrezelt wie eine Zirkusprinzessin",
grinst Olli.
„Hast du auch ein rosa Tattoo am Po?",
fragt Anton frech.

Lucy dreht sich um und kämpft
mit den Tränen.
Da tut sie Anna leid.
Schließlich war sie mal ihre Freundin.
Damals, als sie noch kein Albtraum
in Pink war.

Anna versucht, mit Lucy zu reden.
Aber die ist störrisch.
Sie hat ihre rosa Glitzerwelt im Kopf
und sonst nichts.

Leserätsel

Was ist ein Tattoo?

- [N] Ein Feuerwehrauto
- [M] Eine Tätowierung
- [F] Ein Tasteninstrument

Was sind Leggings?

- [A] Kleine Legosteine
- [U] Junge Pinguine
- [O] Eng anliegende Hosen

Was haben diese drei Begriffe gemeinsam?
Schweinchen, Himbeereis, Heckenrosen

- [S] Geruch
- [H] Geschmack
- [D] Farbe

Was ist ein Albtraum?

- [N] Ein rosa Traum
- [E] Ein böser Traum
- [F] Ein alberner Traum

Die Buchstaben neben den richtigen Antworten ergeben ein Lösungswort:

_ _ _ _

Löse das Kreuzworträtsel.

In den bunten Feldern ergibt sich ein Lösungswort: _ _ _ _ _ _

Lucy sieht rot

Da hat Anna eine Idee.
Die bespricht sie noch am gleichen Tag
mit den anderen.
„Wir beweisen Lucy,
dass es unter Freunden
nicht auf die Klamotten ankommt",
sagt Anna.
„Aber wie?", fragt Mia.

„Ganz einfach: indem wir uns alle
gleich anziehen", sagt Anna ernst.
Es dauert ein bisschen,
aber dann hat Anna alle überzeugt.
Auch die Jungen!
Karla spricht mit ihrem Trainer
vom Sportverein.
Der besorgt ganz billig 23 rote T-Shirts.
Annas Onkel Max spendiert 23 Buttons
mit dem Aufdruck „Klasse 2a".

Als Lucy am Montagmorgen
in ihren neuen rosa Klamotten
ins Klassenzimmer kommt, sieht sie rot!
Alle Kinder in der Klasse haben
rote T-Shirts an!
Einen Augenblick lang bleibt Lucy
wie erstarrt stehen.
Sie kommt sich wie ein Fremdkörper vor.

Zuerst will Lucy wegrennen.
Doch dann begreift sie die Botschaft.
Sie dreht sich um und sagt:
„Okay. Ich hab verstanden.
Es kommt nicht auf die Klamotten an.
Habt ihr auch so ein rotes Teil für mich?"
„Haben wir", sagt Anna und lächelt.
„Schließlich bist du eine von uns."

Infoseite

Kleider machen Leute

Kleider machen Leute! So heißt ein altes Sprichwort. Klar, dass man immer ordentlich angezogen sein soll. Aber findet ihr nicht, dass Lucy übertreibt? Sie rennt jeder Modeverrücktheit nach und neigt leider dazu, auch andere nur nach ihrem Äußeren zu beurteilen.

Manche Kinder in der Klasse 2a können sich nicht so oft neue Sachen kaufen. Das macht sie traurig. Vielleicht auch neidisch.

Das ist sicher auch ein Grund, warum es in vielen Ländern Schuluniformen gibt.

Auch bei uns in Deutschland gibt es Schulen oder Klassen, die freiwillig Schulkleidung tragen.

Vielleicht habt ihr ja auch Lust, ein Schul-Logo oder ein Klassen-T-Shirt zu entwerfen?

Lösungen

S. 94/95:

Klamotten sind eine lässige Bezeichnung für Kleider.
„Ich gehe shoppen" heißt: Ich kaufe ein.
Anna findet Ali am besten.
Mias Onkel Max ist Bauchredner.
Lucys Tante Mara arbeitet beim Fernsehen.
Lösungswort: der letzte SCHREI

S. 102/103:

Ein Tattoo ist eine Tätowierung.
Leggings sind eng anliegende Hosen.
Schweinchen, Himbeereis und Heckenrosen haben die gleiche Farbe: Rosa.
Ein Albtraum ist ein böser Traum.
Lösungswort: MODE

M	Ü	T	Z	E
K	L	E	I	D
	R	O	C	K
	J	A	C	K	E
		S	C	H	U	H	E
		B	L	U	S	E

Lösungswort: ZIRKUS

Zoff auf dem Schulhof

Eine Geschichte von Rudolf Herfurtner
mit Bildern von Dorothea Tust

Der Junge auf dem Schulweg

Eigentlich geht Michi gern in die Schule.
Aber seit ein paar Tagen möchte er
am liebsten zu Hause bleiben.
Er darf es niemandem sagen, aber er
hat Angst. Da ist ein großer Junge.
Der wartet auf ihn. Auf dem Schulweg.
Fast jeden Tag. Auch an diesem Montag.
Er lauert an der alten Mauer, wo niemand
ihn sehen kann. Michi kennt ihn nicht.
Er will ihn auch gar nicht kennen.
Er möchte nur vorbei. Schnell vorbei,
in die Schule. Aber der Junge lässt
ihn nicht: „Stopp, du!
Kein Durchgang!"

„Ich muss in die Schule", sagt Michi.
„Kein Durchgang, sag ich!"
Michi möchte an dem Jungen vorbeilaufen.
Aber der Junge hält ihn fest und schubst ihn.
Michi stolpert und fällt hin.
Er tut sich an der Hand weh.
Gleich muss er weinen. Aber das will er nicht.
Nicht hier. Und nicht jetzt.
„Lass mich, du blöder ...!"
„Frech werden?" Der Junge schubst ihn
wieder. „Ich sag: kein Durchgang!"
„Ich muss in die Schule!", sagt Michi.
„Was zahlst du?"

Der Junge reißt ihm den Schulranzen vom Rücken und wühlt darin herum. Michi kann sich nicht dagegen wehren. Der Junge ist zu stark. Er hat ihm schon Buntstifte weggenommen, seinen roten Kuli und den neuen Spitzer. Heute fischt er Michis Pausenbrot heraus. Aber er mag es nicht, weil ein Salatblatt drauf ist: „Gemüsebrot! Pfui!" Er klaut Michi lieber den Müsliriegel und lacht gemein. „Jetzt hau ab! Und wehe, du sagst jemandem was!"

Eine Ecke weiter warten Michis Freunde.
„Wo bleibst du so lange?", fragen sie.
Soll er ihnen alles erzählen? Lieber nicht.
Der Junge ist gefährlich. Aber morgen
wird Michi einen anderen Weg in die
Schule nehmen. Sie kommen gerade
noch rechtzeitig in die Klasse.
Frau Bode, die Lehrerin, ist schon da.
„Na, das war aber knapp!", sagt sie.
„Jetzt setzt euch mal schnell hin, damit
wir anfangen können. Guten Morgen!"
„Guten Morgen, Frau Bode!"

„Also, in dieser Woche sprechen wir über Ernährung. Was ist Ernährung? Michi?"
„Das, was wir essen", sagt Michi.
„Genau", sagt Frau Bode. „Und wir wollen gleich mal schauen, was wir so alles essen. Legt bitte euer Pausenbrot auf den Tisch."
„Toll, gleich wieder Pause!", ruft Jana.
„Nein", sagt Frau Bode, „nur anschauen."
Die Kinder holen ihre Pausensachen heraus. Frau Bode schreibt die Sachen an die Tafel.
Auf die linke Seite schreibt sie:

Wurstbrötchen. Marmeladenbrot.
Brötchen mit Nuss-Nougat-Creme.
Eine Packung Kartoffelchips.
Eine Tüte Gummibärchen.
Schokoriegel. Milchschnitte.
Ein Überraschungsei.
Eine Tüte Kakao.
Eine kleine Flasche Limonade.
Und Gummischnuller. Und Esspapier.
Und eine Mohnschnecke.
Und eine Käsetasche.
Und bunte Lollis.

„Da müssen wir aber noch einiges lernen
in dieser Woche", stöhnt Frau Bode.
„Was haben wir noch?"
Deutlich schreibt sie jetzt auf die rechte
Seite der Tafel: Vollkornbrot. Knäckebrot.
Salat, Karotten und Gurkenstücke.
Paprika und kleine Tomaten.
Äpfel, Birnen, Bananen.
Nüsse und getrocknete Früchte.
Ein Stück Gemüsekuchen.
Und Früchtetee.
Und eine Tüte Vollmilch.

„Na, da haben wir doch ungefähr gleich viel auf jeder Seite", sagt Frau Bode zufrieden. „Was, glaubt ihr, ist der Unterschied zwischen den beiden Spalten?"
„Glasklar!", ruft Jana. „Links sind die guten und rechts die nicht so guten Sachen."
Die Kinder lachen und Frau Bode lacht mit.
Dann wird sie wieder ernst und sagt:
„Nein, Jana. Rechts stehen die gesunden Sachen und links die weniger gesunden. Und warum das so ist, das werden wir diese Woche lernen."

Leserätsel

Was hat der große Junge
Michi schon weggenommen?

☐ Hefte, einen Radiergummi
und einen Füller

☐ Buntstifte, einen roten Kuli
und einen Spitzer

☐ Zwei Aufkleber, einen Taschenrechner
und einen Bleistift

Warum will der große Junge
Michis Pausenbrot nicht?

☐ Weil es mit einem Regenwurm belegt ist.
☐ Weil es ein Loch hat.
☐ Weil ein Salatblatt drauf ist.
☐ Der Junge mag nur Brötchen.

Was gehört wohin? Ergänze die fehlenden Buchstaben auf beiden Seiten der Tafel!

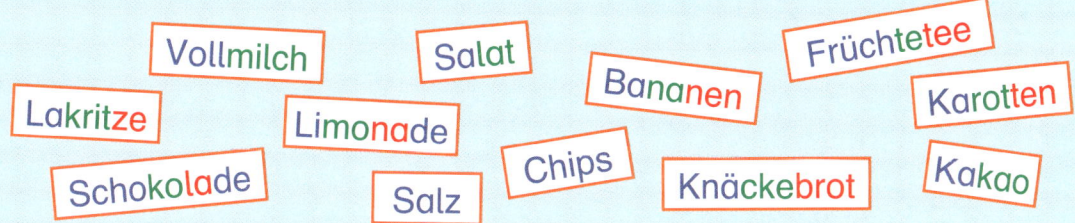

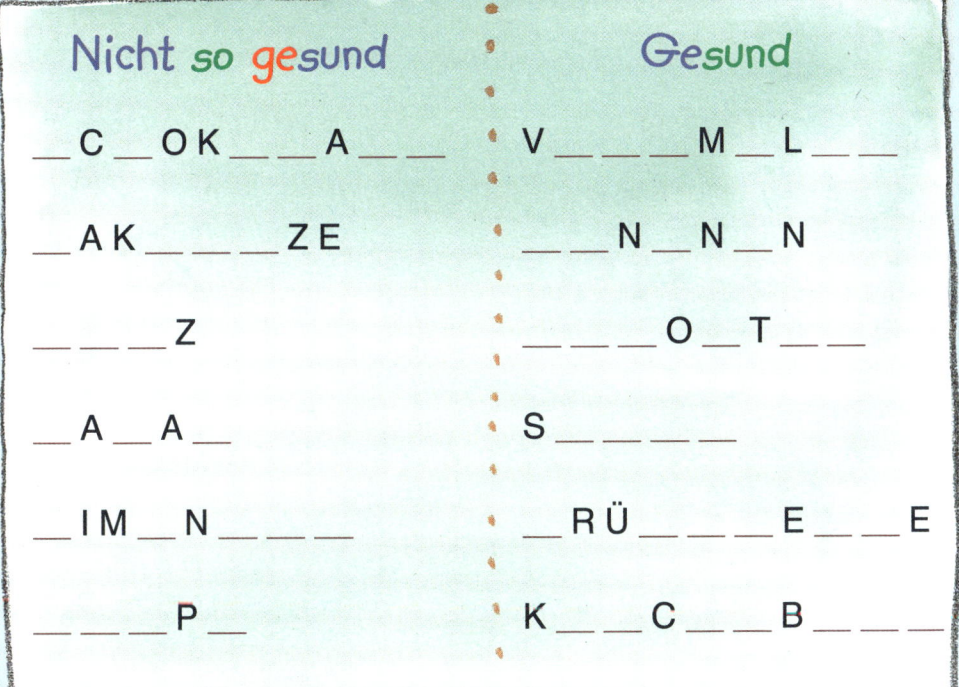

Das perfekte Pausenbrot

Michi muss in dieser Woche nicht so viel lernen. Das Meiste weiß er schon.
Seine Mutter gibt ihm immer ganz gesunde Sachen mit.
Heute hat er ein kleines Vollkornbrötchen. Darauf sind Frischkäse, Salat und Kräuter. Und Weintrauben. Als Michi in der Pause seine Brotdose öffnet, steht plötzlich Boris hinter ihm. Boris ist aus Russland und neu in der Klasse. Er hat nie etwas zum Essen dabei.
„Willst du?", fragt Michi. „Weintrauben?"
„Danke", sagt Boris. „Ist gut. Sehr gut!"

Am nächsten Tag geht Michi eher aus dem Haus. Er verrät niemandem, warum.
„Pass auf dich auf!", sagt Mama.
„Ja, das mach ich", sagt er.
Und dann geht er einen weiten Umweg in die Schule. Er hat trotzdem Angst, dass ihn der große Junge erwischen könnte.
Er rennt ganz schnell. Immer wieder schaut er sich um. Der Junge ist aber nirgends zu sehen. Auch nicht am Mittwoch und Donnerstag. Vielleicht ist Michi den gemeinen Dieb jetzt wirklich los?

Darüber, welche Nahrung gut ist,
haben die Kinder nun schon viel gelernt.
Sie wissen, wie viel Zucker in Joghurt ist
und wie viel Fett in Leberwurst und
in Chips. Sie wissen, dass man Energie
braucht, um zu leben und zu lernen.
Und sie wissen auch, aus welchem Essen
gute Energie entsteht. Und nicht bloß
ein müder Kopf und ein dicker Po.
Am Ende der Woche soll jeder ein
perfektes Pausenbrot mitbringen, als
Hausaufgabe. Dafür gibt's eine gute Note!

Am Freitag steht Michi ein kleines bisschen früher auf. Er will sich ein superperfektes Pausenbrot machen.
Ganz bunt: rot, braun, gelb und grün.
Rote Tomate, braunes Vollkornbrot, gelber Käse, grüner Salat.
In das Brot schneidet er Zacken, damit es aussieht wie ein Stern.
Er ist sicher, dass er das schönste perfekte Pausenbrot der ganzen Klasse haben wird.
Michi nimmt wieder den Umweg.
Sicher ist sicher!
Er rennt, so schnell er kann.
Aber plötzlich steht der Junge vor ihm.

„Hast gedacht, ich find dich nicht?
Ich bin doch nicht dumm!"
Er schubst Michi und lacht.
„Aua!", sagt Michi. „Hör auf! Wenn du nicht
aufhörst, schrei ich. Oder ich sag es
der Polizei!" Michi ist den Tränen nahe.
„Das wagst du nicht!", sagt der Junge und
hält ihm seine Faust unter die Nase.
Dann reißt er ihm den Schulranzen vom
Rücken und nimmt ihm das Sternenbrot ab.
„Nicht das Brot!", schreit Michi. „Bitte!
Ist ein Gemüsebrot! Das magst du doch
sowieso nicht!"
„Schnauze, du Clown!", sagt der Junge
und weg ist er. Und das Brot auch.

Als Frau Bode die Pausenbrote anschauen will, sagt Michi: „Ich hab meins vergessen."
Frau Bode ist sehr enttäuscht.
Und Michi denkt: „Jetzt sag ich ihr alles.
Sie muss mir helfen!"
Da steht Boris auf und zeigt Frau Bode ein wunderschönes Pausenbrot. Michi erkennt es sofort: Es ist sein Sternenbrot.
„Frau Bode, das ist ...", fängt Boris an.
„Das ist wirklich perfekt!", unterbricht ihn Frau Bode. „Das ist das schönste Pausenbrot, das ich je gesehen habe.
Sehr gut, Boris!"

Als Michi am Montag in die Schule geht, sieht er den großen Jungen schon von Weitem. Aber er ist nicht allein. Boris ist bei ihm. Michi will weglaufen, aber Boris hält ihn fest.

„Bleib! Ist mein Bruder. Tut dir nichts mehr. Entschuldigung! Hier, deine Sachen."
Er gibt Michi den Spitzer und die Stifte zurück. „Hab ich nicht gewusst!"
„Warum hast du Frau Bode nicht gesagt, wem das Brot gehört?", fragt Michi.
„Ich war so froh. Sie hat mich noch nie gelobt. Dich schon oft", sagt Boris.

Michi und Boris gehen gemeinsam
ins Klassenzimmer. Michi zeigt Frau Bode
sofort sein Pausenbrot und er bekommt
nachträglich ein „Sehr gut"!
In der Pause steht Boris wieder neben Michi.
„Wir haben nicht viel Geld, weißt du?
Mein Bruder wollte mir bloß helfen."
„Ich hab ziemliche Angst gehabt", sagt Michi.
„Das nächste Mal helf ich dir", sagt Boris.
„Okay. Ich hab zwei Tomaten.
Magst du eine?"
„Ja, gern", sagt Boris. „Danke!"

Leserätsel

Aus welchem Land kommt Boris?

☐ Aus Russland

☐ Aus Island

☐ Aus Finnland

☐ Aus Griechenland

Was ist auf Michis Sternenbrot?

☐ ☐ ☐ ☐

Gelbe Butter	Rote Tomate	Rosa Wurst	Roter Schinken
Rote Marmelade	Gelber Käse	Gelbe Nudeln	Grüne Gurke
Braune Streusel	Grüner Salat	Roter Ketchup	Weiße Mayonnaise

Findest du sieben Unterschiede?

Infoseite

Was kannst du tun, wenn du mal Zoff oder Probleme hast?

Es gibt Situationen, die Angst machen. Angst zu haben ist keine Schande – weder für Jungen noch für Mädchen. Du solltest nur lernen, mit gefährlichen Situationen umzugehen und richtig zu reagieren. Diese Verhaltensweisen kannst du dir für den Ernstfall merken:

 Ruhe bewahren
Ein starkes Auftreten, ein fester Blick und eine aufrechte Haltung schrecken Angreifer ab und schützen dich. Wirst du doch einmal bedroht oder angegriffen, versuche, ruhig zu bleiben.

 Vorsicht ist keine Feigheit
Gefahren solltest du grundsätzlich möglichst aus dem Weg gehen. Wenn dir eine Situation komisch vorkommt, lauf weg. Das ist nicht feige, sondern schlau. Vorsicht ist sinnvoll.

 Hilfe holen ist kein Petzen
Wenn du nicht weiterweißt, sprich mit einem Erwachsenen, dem du vertraust. Das können deine Eltern oder andere Verwandte, ein Lehrer oder auch ein Polizist sein.

Nicht wegschauen
Wenn ein anderes Kind in einer gefährlichen Situation ist, misch dich ein und leiste Hilfe – aber nur, wenn du dich selbst dabei nicht in Gefahr bringst! Hole Hilfe oder fordere andere Anwesende zur Unterstützung auf.

 ### Gewalt ist keine Lösung
In der Schule können Schüler und Lehrer gemeinsam Regeln gegen Gewalt aufstellen. An vielen Schulen gibt es sogenannte Streitschlichter. Frag deine Lehrer mal danach.

Wenn du dich bedroht fühlst, findest du hier Hilfe:

Nummer gegen Kummer
Der Verein „Nummer gegen Kummer e. V." hat ein Sorgentelefon für Kinder und Jugendliche eingerichtet. Bei kleinen und großen Problemen kannst du die Mitarbeiter unter der kostenlosen Telefonnummer 0800 116111 anrufen. Die Beratung ist vertraulich und anonym (das heißt, du musst deinen Namen nicht sagen). Die Beratungszeiten sind montags bis samstags von 14 bis 20 Uhr.

 **Notinsel**
Wenn du in eine gefährliche Situation gerätst, solltest du schnell einen Ort suchen, an dem viele Menschen sind. Zum Beispiel eine Notinsel. Das sind Geschäfte, in denen die Mitarbeiter dir helfen, wenn du in Gefahr bist. Mehr über die Aktion erfährst du im Internet unter: www.notinsel.de

Lösungen

S. 122/123:
Der große Junge hat Michi Buntstifte, einen roten Kuli und einen Anspitzer weggenommen.
Der Junge will Michis Pausenbrot nicht, weil ein Salatblatt drauf ist.

Nicht so gesund	Gesund
SCHOKOLADE	VOLLMILCH
LAKRITZE	BANANEN
SALZ	KAROTTEN
KAKAO	SALAT
LIMONADE	FRÜCHTETEE
CHIPS	KNÄCKEBROT

S. 132/133:
Boris kommt aus Russland.
Auf Michis Pausenbrot sind rote Tomate, gelber Käse und grüner Salat.

Helfer auf vier Pfoten

Eine Geschichte von Ulrike Barzik
mit Bildern von Heike Wiechmann

Eis und Hundekuchen

Luise wartet mit ihrem Labrador Bruno
auf ihre Freundin Klara. Sie wollen
zur Eisdiele gehen. Luises Oma hat
drei Euro spendiert. Dafür kann Luise
für jede ein Eis mit zwei Kugeln kaufen.
Da klingelt es Sturm. Bruno läuft noch
vor Luise zur Tür.
„Ich bin's!", ruft Klara. „Mach auf!"
„Ich komm ja schon", antwortet Luise.
Sie fühlt nach dem Geld
in ihrer Hosentasche.
Alles noch da.

„Es kann losgehen", sagt sie zu Bruno.
Der wedelt mit dem Schwanz.
„Ich hab schon einen Rieseneishunger!",
sagt Klara. „Deine Oma ist echt nett.
Demnächst spendiert sie auch noch
Bruno ein Eis!"
„Mit Kirschen und extra viel Sahne!",
kichert Luise.
Bruno sagt nichts dazu. Er mag lieber
Hundekuchen. Aber zur Eisdiele geht er
trotzdem immer gerne.

Auf der Straße gehen sie nach links.
Die Eisdiele liegt hinter der Kreuzung.
Klara sieht, dass einige Leute Bruno
hinterhergucken. Bruno trägt ein weißes
Führgeschirr. Denn Bruno ist ein
Blindenführhund.
Als Klara noch klein war, dachte sie,
ein Blindenführhund wäre blind. So blind
wie ihre Freundin Luise. Seit ihrer Geburt
kann Luise nämlich nichts sehen.
Aber Blindenführhunde sehen genauso
gut wie alle anderen Hunde. Sie heißen
so, weil sie blinde Menschen sicher
durch den Alltag begleiten.

Bruno hat eine lange Ausbildung hinter sich. Er hat gelernt, Hindernisse zu erkennen und ihnen auszuweichen. Außerdem muss er starke Nerven haben. Durch nichts darf er sich aus der Ruhe bringen lassen. Er darf nicht erschrecken, wenn Türen knallen oder Autos hupen. Und er darf nicht einfach losrennen, wenn er etwas Spannendes sieht. Luise muss sich auf ihn verlassen können – und zwar immer. Bruno sieht, was Luise nicht sehen kann. Er warnt sie, wenn es gefährlich wird.

„Soll ich Zitrone oder Erdbeere nehmen?", überlegt Klara laut. Auf einmal bleibt Bruno stehen. Die Ampel zeigt Rot. Aber kein Hund der Welt kann Farben erkennen wie ein Mensch, nicht einmal Bruno. Er hält an, weil da eine Bordsteinkante ist. Luise hört auf das tuckernde Ampelsignal. „Oder soll ich Banane nehmen?", fragt Klara und geht ganz in Gedanken einfach weiter.

„Mensch, Klara! Es ist rot!", ruft Luise.
„Du Blindfisch, pass auf!"
Klara erschrickt.
„Ups, gut aufgepasst", sagt sie.
Als die Ampel auf Grün springt, tastet
Luise die Stufe am Bordstein mit dem Fuß
vorsichtig ab. Schließlich will sie nicht
stolpern und sich auf die Nase legen.
Bruno wartet, bis das Signal zum
Loslaufen kommt. Dann gehen die
drei über die Straße.

In der Eisdiele treffen die beiden Frau Pudel. Frau Pudel ist Luises Nachbarin. Einen besseren Namen könnte es für Frau Pudel gar nicht geben. Denn sie ist die weltbeste und einzig wahre Fachfrau für Hunde. Sie mag Bruno sehr – und Bruno mag Frau Pudel.
„Welche Eissorte würden Sie uns denn empfehlen?", fragt Klara.
„Ich esse am liebsten Schokolade", schwärmt Frau Pudel.
„Auch eine gute Idee", sagt Klara.

„Hallo, Bruno!", sagt Frau Pudel. „Musst du heute wieder arbeiten? Mein Hund wartet im Auto auf mich."
Sie zeigt auf ein Schild.
„Hunde müssen draußen bleiben",
liest Klara. Für Bruno gilt das nicht.
Blindenführhunde dürfen überall mit rein.
Das ist im Gesetz so geregelt.
„Glück gehabt, Bruno!", lacht Luise.

Leserätsel

Wer kann nichts sehen?

- S Der Blindfisch
- K Luise
- M Klara

Was ist hier denn wirklich ein Tier?

- L Die Blindschleiche
- P Der Blindgänger
- X Der Blinddarm

Was trägt ein Blindenhund?

- T Eine Sonnenbrille
- A Ein Führgeschirr
- W Einen selbst gestrickten Pullover

Wieso nennt man manche Hunde Blindenführer?

- [R] Weil diese Hunde blinde Menschen begleiten.
- [B] Weil diese Hunde Blindenschrift lesen können.

Was ist im Gesetz geregelt?

- [A] Blindenführhunde dürfen in alle Läden mit hinein.
- [Z] Alle Hunde dürfen Eis essen gehen.

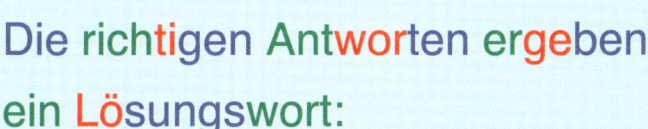

Die richtigen Antworten ergeben ein Lösungswort:

___ ___ ___ ___ ___

So viele Hundeberufe

„Wir waren gerade beim Training auf dem Übungsplatz", erzählt Frau Pudel. „Karlo darf ja nicht aus der Übung kommen. Aber er hat es prima gemacht."
Karlo ist ein Rettungshund.
Ein Rettungshund sucht unter Trümmern oder Lawinen nach verschütteten Menschen. Oder er nimmt die Spur von Wanderern auf, die sich im Wald oder in den Bergen verlaufen haben.
Karlo ist ein Border Collie und genau richtig für diesen Job. Er ist nicht zu groß oder zu schwer, um auf Trümmer zu klettern. Trotzdem kann er Hindernisse gut überwinden.

„Samstag ist ein Tag der offenen Tür
auf unserem Übungsgelände", erzählt
Frau Pudel. „Ihr seid herzlich eingeladen."
„Toll!", meint Luise. „Dann kann Bruno
sehen, dass andere Hunde auch
arbeiten!"
Frau Pudel verabschiedet sich und
die Mädchen bestellen ihr Eis.
Mit bunten Streuseln drauf! Klara hat
sich für Schokolade entschieden.

Am Samstag ist auf dem Übungsplatz viel los. Die Hunde führen vor, was sie können. Frau Pudel begleitet Klara und Luise über das Gelände.
„Wieso bellt da ein Hund?", fragt Luise.
„Ein Rettungshund hat eine Person gefunden", erklärt Frau Pudel. „Er bleibt an Ort und Stelle und macht auf sich aufmerksam, bis sein Hundeführer kommt."

„Wie hat er den Menschen gefunden?",
fragt Klara. „Der war doch gar nicht
zu sehen?"
„Hunde sind Schnüffelprofis", antwortet
Frau Pudel. „Karlo kann einen Menschen
noch unter sechs Metern Schnee wittern!"
„Wahnsinn!", staunt Luise.
Karlo guckt ganz stolz.

Was ist der Unterschied zwischen Rettungshunden und Spürhunden?", fragt Luise.

„Spürhunde suchen nicht nach Menschen. Sie sind darauf abgerichtet, verstecktes Rauschgift, Waffen oder Sprengstoff zu finden", erklärt Frau Pudel. „Die Polizei und der Zoll arbeiten an Flughäfen oder Grenzen mit Spürhunden."

„Wieso findet die Polizei nicht selbst die Verstecke? Die sind doch da, um Spuren zu ermitteln?", fragt Klara. „Das ist in jedem Krimi so."

Frau Pudel lacht.

„Stellt euch mal vor, ein Zollbeamter müsste am Flughafen Tausende Koffer durchsuchen. Das wäre unmöglich."
Klara stellt sich Berge von Koffern vor.
„Die Spürhunde schnüffeln nur mal kurz am Gepäck und schon ist der Koffer des Gangsters gefunden", ruft Luise.
„Voll genial!"
„Richtig. Die Hunde bellen, wenn sie etwas Verdächtiges erschnuppert haben", sagt Frau Pudel.

„Die Hunde erschnüffeln nur das, wofür sie ausgebildet wurden. Deshalb dauert so eine Ausbildung auch sehr lange. Und immer wieder müssen die Hunde üben, üben, üben."

„Oje – wie in der Schule", sagt Klara.

„Den Hunden macht das aber richtig Spaß", versichert Frau Pudel.

„Immer wieder üben soll Spaß machen?", wundert sich Luise.

„Für die Hunde ist die Suche nach Beute ein Spiel", meint Frau Pudel.
Auf einmal streckt Klara ihre Nase in die Luft. „Meine Supernase riecht gerade Bratwürstchen!"
Luise schnuppert auch. „Beute!", ruft sie.
„Immer der Nase nach", lacht Frau Pudel.

Leserätsel

Was für ein Hund ist Bruno?
Die Buchstaben in der Schüssel verraten
es dir.

_ _ _ _ _ _ _ _ _

Welche besonderen Fähigkeiten
haben Hunde?

S P _ _ _ _ S _

So viele Wörter mit Hund!
Verbinde die Wörter mit den
richtigen Bildern:

Hundefutter

Hundenapf

Hundeführer

Blindenführhund

Hundekuchen

Flughund

Seehund

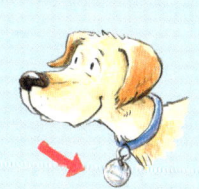

Hundeleine

Hundehütte

Hundemarke

Infoseite

Hier siehst du Hunde, die den Menschen helfen:

Hütehund

Er ist der ideale Arbeitshund für Schäfer. Hütehunde helfen, Herden mit bis zu 1000 Tieren sicher durch das Gelände zu treiben. Der Hund auf dem Bild kommt aus Frankreich – die Rasse heißt Berger des Pyrénées.

Rettungshund

Der Bergrettungshund muss besonders gut klettern können. Das hier ist ein Bernhardiner. Diese Rasse stammt aus dem Kanton Bern in der Schweiz.

Border Collie

Der Border Collie ist als mittelgroßer Hund sehr gut für den Katastropheneinsatz geeignet. Eine gute Kondition und die Freude am Laufen sind für Rettungshunde ganz wichtig.

Blindenführhund

Blindenführhunde müssen sehr gehorsam, zuverlässig und nervenstark sein. Mit ihrem blinden Herrchen oder Frauchen bilden sie ein gutes Team. Hier siehst du einen Labrador.

Spürhund

Spürhunde haben einen ausgeprägten Spiel- und Beutetrieb. Bei Polizei und Zoll arbeiten meist Deutsche Schäferhunde.

Lösungen

S. 148/149:
Luise kann nichts sehen.
Die Blindschleiche ist ein Tier.
Ein Blindenhund trägt ein Führgeschirr.
Manche Hunde heißen Blindenführhunde,
weil sie blinde Menschen begleiten.
Blindenführhunde dürfen in alle Läden mit hinein.
Lösungswort: KARLO

S. 158/159:
Lösungswort: LABRADOR
Lösungswort: SPÜRNASE

Hundefutter
Hundenapf
Hundeführer
Blindenführhund
Hundekuchen
Flughund
Seehund
Hundeleine
Hundehütte
Hundemarke

Lesen lernen mit der Lesemaus

Liebe Eltern,

alle Kinder wollen Lesen lernen. Sie sind von Natur aus wissbegierig. Diese Neugierde Ihres Kindes können Sie nutzen und das Lesenlernen frühzeitig fördern. Denn Lesen ist die Basiskompetenz für alles weitere Lernen. Aber Lesenlernen ist nicht immer einfach. Es ist wie mit dem Fahrradfahren: Man lernt es nur durch Üben – also durch Lesen.

Lesespaß mit Lesepass

Je regelmäßiger Ihr Kind übt, desto schneller und besser wird es das Lesen beherrschen. Eine schöne Motivation kann unser 10-Minuten-Lesepass sein. Das Trainingsprogramm mit Sammelpunkten erfordert nur kurze Leseeinheiten von 10 Minuten. Das Sammeln macht Kindern Spaß und motiviert sie von Anfang an. Den Lesepass finden Sie kostenlos zum Download unter carlsen.de/lesepass.

Wie können Sie Ihr Kind beim Lesenlernen unterstützen?

Je positiver Kinder das Lesen erleben, desto motivierter sind sie, es selbst zu lernen. Versuchen Sie, Ihrem Kind

ein Vorbild zu sein. Zeigen Sie Ihrem Kind, dass Lesen und Schreiben zum Alltag gehören.
Etablieren Sie gemeinsame Leserituale. So erfährt Ihr Kind: Lesen macht Spaß! Lesen Sie Ihrem Kind mindestens bis zum Ende der Grundschulzeit vor. Auch wenn Ihr Kind zunehmend eigenständig liest, bleibt das Vorlesen ein schönes und sinnvolles Ritual.

Lesen lernen mit der Lesemaus

Jedes Kind lernt unterschiedlich schnell lesen. Orientieren Sie sich bei der Auswahl von Erstlesebüchern daher an den Interessen und Lesefähigkeiten Ihres Kindes. Die Geschichten sollen Ihr Kind fordern, aber nicht überfordern. Die Lesemaus zum Lesenlernen bietet spannende und leicht verständliche Geschichten für Leseanfänger. Altersgerechte Illustrationen helfen, das Gelesene zu verstehen.

Mit lustigen Leserätseln können die Kinder ihre Lernerfolge spielerisch selbst überprüfen. Außerdem gibt es in jedem Band interessante Sachinfos für Jungen und Mädchen.

Ihnen und Ihrem Kind viel Spaß beim Lesen!

Lesen lernen in kleinen Schritten

Der Leselern-Prozess vollzieht sich über längere Zeit und in mehreren Schritten. Genauso differenziert wie dieser Prozess sind die Erstlesebücher mit der Lesemaus. Umfang, Wortschatz, Schriftgröße, Text-Bild-Verhältnis der Geschichten und das Niveau der Leserätsel sind optimal auf die verschiedenen Phasen des Lesenlernens abgestimmt:

Bild-Wörter-Geschichten – mit Bildern lesen lernen

- Erste Geschichten mit Bildern statt Wörtern für Leseanfänger
- Große Fibelschrift
- Wenig Text, viele farbige Bilder
- Auch ideal zum gemeinsamen Lesen: Das Kind ergänzt das Wort, wenn ein Bild kommt.

Geschichten im Dialog – zu zweit lesen lernen

- Kleine Geschichten zum Vor- und Selberlesen
- Lesen im Dialog – das Erfolgskonzept zum Lesenlernen
- Eltern lesen die linke, Kinder die rechte Seite
- Große Fibelschrift, hoher Bildanteil

Geschichten zum Selberlesen – Lesekompetenz üben und festigen

- Einfache Geschichten für Erstleser, die schon längere Texte lesen können
- Klare Textgliederung in Sinnabschnitte
- Viele farbige Bilder zur Veranschaulichung
- Leserätsel zum Textverständnis

Extra Lesetraining – vertiefende Methoden zum Lesenlernen

- Spannende Geschichten für Leseanfänger
- Bewährte didaktische Konzepte
- Einfache Sätze, klare Gliederung
- Leserätsel zur Erfolgskontrolle

Silbenmethode

Vereinfachte Ausgangsschrift

Lustiger Le

ese-Spaß!

Die **LESEMAUS** ist eine eingetragene Marke des Carlsen Verlags.

Sonderausgabe im Sammelband
© Carlsen Verlag GmbH, Postfach 50 03 80, 22703 Hamburg 2019
ISBN: 978-3-551-06641-1
Umschlagillustration und Vorsatz: Marion Elitez
Illustration der Lesemaus: Hildegard Müller
Umschlagkonzeption: Gunta Lauck
Lektorat: Steffi Korda, Büro für Kinder- & Erwachsenenliteratur
Lithografie: ReproTechnik Fromme, Hamburg
Printed in Latvia

Viel Wirbel um den Knopf im Ohr
© Carlsen Verlag GmbH, Hamburg 2013
Conni auf Waldsafari
© Carlsen Verlag GmbH, Hamburg 2010
Ein Tor für David
© Carlsen Verlag GmbH, Hamburg 2005
Alles, nur nicht Pink!
© Carlsen Verlag GmbH, Hamburg 2013
Zoff auf dem Schulhof
© Carlsen Verlag GmbH, Hamburg 2009
Helfer auf vier Pfoten
© Carlsen Verlag GmbH, Hamburg 2006

Alle Bücher im Internet: www.lesemaus.de
Newsletter mit tollen Lesetipps kostenlos per E-Mail: www.carlsen.de